AF599167

POESÍA

HUERGA Y FIERRO EDITORES, S. L. U.
C/ SEBASTIÁN HERRERA, 9
28012 MADRID (ESPAÑA)
TELÉFONO: 91 467 63 61
E. MAIL: huerga@huergayfierro.com
WEB: www.huergayfierro.com

PRIMERA EDICIÓN
2025

DISEÑO DE ÁNGEL LUIS VIGARAY

DEPÓSITO LEGAL: M-7347-2025 — I. S. B. N: 979-13-990057-4-5
IMPRESO EN ROMADAC Industria del Libro.
IMPRESO EN ESPAÑA

SEDA TORCIDA

Gloria Díez

SEDA TORCIDA

GLORIA DÍEZ

GRAFFITI

HUERGA & FIERRO EDITORES

Para mi hija,
para la hija de mi hija
y para las hijas de la hija de mi hija.

SEDA TORCIDA

Las mujeres son seda
y no hay nada más resistente
que la seda torcida.

I. SIN MIRAR ATRÁS

VIEJA PRIMAVERA

La vieja primavera,
con guedejas de plata
y corona de sauce,
vuelve a inventar la vida.
Como una meretriz, cuelga guirnaldas
en el cuello dormido
de los toros de invierno.

Huele a miel y hace sol.

Las ramas verdes cubren
los muñones tronchados por el viento.
La espuma verde de las hojas nuevas
ya corona los árboles.

El diente de león es más que un rey
con su melena de oro.

Los gorriones han levantado nido
debajo de las tejas.

Hay que apurar el paso,
preparar el amor y la cosecha.

La muerte, de caperuza roja
y cayado de roble,
la muerte,
¿quién se acuerda de la muerte?

MUJERES DE GUETARIA

Mis queridas hermanas,
viejas mujeres sabias,
la luz ya ha derramado
sus cántaros de gozo bajo el sol.

No vigiléis ballenas
entre brumas.
No acechéis
más señales
en el cielo.
Ya terminó el trabajo
que ocupó nuestros ojos
y nubló tantas veces sus pupilas.

El ratón de Guetaria
cabecea en la espuma
como en la tarde aciaga
de la huida.

El perdón, como la miel
caliente,
se funde en la garganta.
La libertad nos llama
con grito de gaviota
iridiscente.

Asad blancos corderos.

La paz levanta vela y canta el viento.

Nuestra historia está escrita en las rocas,
nuestra edad,
en los árboles.

Y en la noche sin luna,
bajo los torreones,
las olas nos arropan como sábanas.

REENCUENTRO

Lentamente, la luz
me desnuda los ojos.

Y veo.

Un pálido reflejo del azul
corona cresterías de montañas,
como un brutal castillo
ametrallado
por el punzón del tiempo.

Avara de palabras,
recojo cada gota que condensa
el éter, desde el hueso de la luna.
Invaden, serpentinas, mi garganta
lo mismo que maná
sobre un campo sediento

Hace tiempo que no oía la flauta
almendrada de Pan,
el dios rizado.

¡Qué hermosa la morada presentida!
¡Qué dulce su canción!

DE REPENTE, LA LUZ

De repente, la luz,
tan dulce en las espigas,
desplazando las nubes,
blandas gaviotas blancas
deshaciéndose en grito.

Y el corazón que cruje
—como un barco acunado
por las olas—
al presentir el flujo,
el aliento inminente
de la clara armonía,
la que llora de gozo
cuando besa la tierra.

Hagamos una tienda.
Quedémonos aquí.

HUELE A VERANO

Huele a verano.
La hierba seca tiene
un trasunto de cuadra
y leche tibia.
Roza la plenitud
de lo granado,
de la cosecha ardiendo
bajo la noche grávida.

Cierro los ojos.
Sólo el calor,
sólo el presente intenso,
sólo el calor hundiendo
su aguijón de ternura.

Sólo el calor,
el sudor dibujando
dunas blancas de sal
al borde de los párpados.

Sólo el calor
y el cerebro sin rumbo,
impotente, perdido
ante la vida intensa,
la vida tan intensa:
anonadado.

SIEMPRE DETENIDA

Yo,
a punto de saltar,
y siempre detenida.

Un sol que peina el trigo,
abrasado en la luz
al borde del camino,
anda buscando, ardiente,
el centro ciego
que aún envuelve
la miel de mis pupilas.

Yo,
a punto de saltar.

Y siempre detenida.

VISIÓN FUGAZ

Nos colocamos máscaras
de hombre y dioses,
pero existe un lugar
donde se guardan todas las máscaras.

¡Las máscaras,
las máscaras!

¡Las bellas, conocidas,
incandescentes máscaras
de los ojos vacíos!

¿De qué oscuro,
remoto pasadizo
de los sueños
llegáis?

¿De qué espiral
agrietada del tiempo?

Os invoca
la roja caracola
sobre la boca negra.

Lo mismo que las barcas,
apretado rebaño,
partís al alba.

Os llaman a rebato
entre fantasmas lívidos
y jirones de niebla,
las campanas del mar.

COMO MARIPOSAS

Hoy, las hojas secas,
como mariposas,
vuelan en el aire
salaz del verano.

No oigo gritar:
¿qué viento maldito
me roba la savia
del tronco que amé?

Las veo volar
con gracia infinita.
como geishas rotas
de pasos pequeños,
como danzarinas
de tules gastados,
que giran, se elevan,
y luego descienden
a rozar el suelo
en brazos del bronco
viento del verano.

TÓRTOLAS EN TORMENTA

Las copas de los árboles
como encajes menudos
recortando los cielos.

(Los verdes azulados y ese rubor
de rosa macilenta que
calienta el ocaso).

¿Son hojas o son pájaros
prendidos por un hilo
lo que puebla sus ramas?

Tórtolas blancas cruzan
perfilando negruras:
la tormenta de plomo,
que incuba la montaña.

La incipiente blandura
de la nieve
les escarcha los huesos.

Enarbolan sus alas,
ebrias de valentía,
contra las grandes velas
de esa galera gris.

LIMÓN

El cielo gris se rompe
en gajos de limón.

Mirad a esa mujer,
con un gesto de asco
permanente en la boca
—cejas y comisuras,
como buscando tierra—,
una amargura rubia
frente al mundo y la vida.

La voz, ronca de alcohol
que no ha tomado.

(Y el cielo gris esconde,
debajo de sus nubes,
heridas de limón).

Es difícil vivir
mascando el chicle del
desprecio a todo
entre los dientes
del resentimiento.

Difícil ser mujer
y mujer vieja
en la sala de espera
de la vida o la muerte,
aquí en el hospital.

(Y el cielo gris descubre,
paisajes imposibles,
caminos, trochas, fraguas,
cortados precipicios,
coronando las nubes,
con velos amarillos,
de dorado limón).

LUZ DE NOVIEMBRE

Tiene noviembre siempre
una luz tan menguada,
una energía débil,
tan cerca de la angustia,
del comienzo,
tan cerca de
las lágrimas,
que temo
desmenuzarme ingrávida
entre sus luces grises.

Y temo menos
el convertirme
en polvo
que la impotencia
desnuda de caer,
caer sin límite.

II. FUEGO SIN LLAMA

NOCHE PERFECTA

Ese joven gorrión,
tan alegre en el salto,
¿qué sabe de la angustia?

Y las nubes,
¿qué saben
de las anclas nocturnas
que precipitan sueños?

Las golondrinas negras
crucifican el aire,
yo espero una de plata
(¡ah, la bala perfecta
en la noche perfecta!)
para mi corazón.

ÁNGEL

Pasó el amor, pasaron los amantes,
en el mármol quedó una brizna de vida:
esa extraña canción que te cierra los ojos,
esa cruz con renuevos que protege tu espalda.

Pasó el amor, pasaron los amantes.
Tú, eterno mensajero, tú, portas las cenizas.

La estrella de tu frente no es adorno, es tan solo
secreto susurrado a quien comprenda.

Pasó el amor, pasaron los amantes.
Y pasó el mar. Acunado en el aire,
habitas la maleza del cementerio inglés.

Solo la sangre negra que te circunda el cuello
habla de la ternura, abierta como un pan
caliente al mediodía,
y de la dentellada, tan ávida de luz,
de la insaciada muerte.

MUJER QUE LLORA

Veo
una mujer que llora,
colgando de las nubes
—en racimos—
sus lágrimas.

Una trompeta eriza
el aire con su aullido
de metálico lobo.

Y, mientras, los lagartos
espejan sus espaldas
para negar el frío
que les tinta las uñas
—curvas como menguantes—.
para negar la muerte.

RELOJ

Tic, tac, toc.

Hoy me dejo llevar
por el río
de gotas del tiempo.

Tic, toc, tac.

Tengo el alma
prendida de un rayo
de cándido sol.

Tic, tac, toc.

En mis huesos ya escarcha
la nieve
que anuncia el invierno.

Toc, toc, toc.

Y hay un niño olvidado
que juega,
que juega desnudo
entre setos de boj.

A VECES, UNA TARDE

A veces, una tarde
se te ofrece, de pronto,
como el hombro de un árbol,
como una hogaza antigua:
dulce, rugosa, tierna.

Una tarde
para poder llorar
todas las pérdidas,
para dejar correr
todas las lágrimas,
como arañas calientes
por la espesa mejilla
del sudor y la sombra.

Una tarde para romper el cerco
de todas las distancias,
para quebrar anillos circuncisos
y deshacer mi historia,
como un terrón de plata
en infusión de luna
y tiempo de canela.

Pero sé que me engaño.
Una tarde no basta.

DUELE LA LLUVIA

En el muro encalado, dedos de luz.

Y es verano.

Duele la lluvia.
A veces duele la lluvia
golpeando en el rostro de la tierra,
enjugando su polvo,
lamiendo su sudor
en la dermis de siglos.

Un licor transparente,
la lluvia de verano,
un esperma fecundo,
abandonado, denso,
ignorante de sí.

Los dioses,
alanceando el soma
en sus corrales.
Los cuchillos se clavan
en las fauces del tigre.
Y la muerte,
la muerte en zapatillas,
dentro de una botella
de alcohol.

Dime: ¿es un hombre
quien almacena platos
y apaga cigarrillos?

Duele la lluvia,
a veces duele la lluvia.
Y es verano.

LUCIÉRNAGA

La tarde llora ceniza
y el viento deletrea
un ulular de pájaros
con los ojos sin párpados.

La nubes —grandes buques—
se desplazan
hiriendo con sus quillas
ese mar invertido
que es el cielo.

¿Dónde se cuece el lento
potaje de las almas?
¿Dónde se cuaja el queso
que nutre las conciencias?

Una verde luciérnaga
se sostiene en el aire
con el batir ardiente
de sus desnudas alas.

Y es luz —prístina luz—
no nacida del fuego.

No te apagues aún.
Espera, espera.

MYSTÉRION

¡Ah, la herida!
La herida que se oculta
tras la cóncava máscara
de cuernos retorcidos.
La belleza que quema
y aniquila,
el feroz laberinto.

Y de pronto:
heme aquí,
frente a Ti.

¿De qué te servirá
esta vida pequeña,
este cristal
apenas retorcido,
que refleja la luz,
la pobre luz
que filtran las tinieblas.

La pequeñez
es también una marca
en la naturaleza de las cosas.

Mírame:
una brizna de hierba,
un grano de pimienta,
la piel de una serpiente,
una escama de luna
que ha caído a tus pies.

CUCHILLOS EN RUEDA

La rueda del silencio
afila sus cuchillos.

Un verde desgarrado,
que avizora en las copas
de los árboles,
apacienta la lluvia.

El olor de las rosas,
como yunta de bueyes,
lentamente acarrea
un recuerdo lejano
hasta mi piel.

La rueda del silencio
afila sus cuchillos.

Y me llama.

VUELVO A SER

Ahora que el pasado
amontona en la orilla
los restos del naufragio:
juguetes sin cabeza,
esquelas mortuorias,
el reloj del abuelo
detenido
en las once de bastos.

Ahora que las huestes de poniente
me llaman con su clámide
escarlata...

Vuelvo a ser esa niña
inocente y perfecta.
Vuelvo a ser la semilla
al borde de la risa.
Pero ahora, es extraño,
ahora el fruto
está dentro.

EBRIEDAD

Como ebria de días,
como ebria
del mosto que la vida
va dejando
en el lagar sin fondo
de los sueños,
en la noche profunda
donde sopla el destino,
camino reposando
la cabeza
en la febril almohada
de otros días ya muertos.

Hoy que sé
detener un azul,
absorber una brizna
de sol o de locura,
jugar a nadie o todos.

Dime: ¿por qué no puedo
descargar mi mochila
dulcemente en el suelo?

Los pájaros,
espejos invertidos de las almas,
siempre cruzando cielos

en escorzo de fuga,
no almacenan pasado
en sus redondos buches.

Mi tarea cumplida,
dime, Vida;
¿qué más quieres de mí?

III. LEÍDO EN EL AIRE

Costa Rica, Málaga, Toledo, Bucarest, Nueva York

Doris Lessing y Antonio Baciero, en sendas y lejanas entrevistas, me confiaron un secreto sutil: hay cosas que "flotan" en el aire.

LLUVIA EN SAN JOSÉ

COSTA RICA

Cruzan la noche trenes
tras el rastro
de un colibrí de nieve.

Agazapada,
la ardilla "tica" muerde
un aguacate:
un orbe verde,
un útero de jade.

Mientras, el tótem fálico
invoca en su ocarina
el paso de las aves
transparentes,
que, junto con las gotas
furtivas de la lluvia,
invaden los contornos
del jardín.

Mil cuatrocientos noventa y dos,
el lugar del asombro,
el rumor del encuentro,
el tiempo de la herida,
la destrucción del mar.

PARA QUE DIOS ENTIENDA

Un desafío propuesto por Laureano Albán:
"Para que Dios entienda yo he nacido".

Para que Dios entienda yo he nacido,
quizá olvidó lo ardiente de la rosa,
la multitud que habita en cada beso,
quizá olvidó llorar,
tal vez la aurora no convoque pájaros
en la ojiva infinita que enreda sus zarcillos
en las cancelas de la eternidad

Para que Dios entienda yo he nacido,
para curar heridas,
para tañer campanas olvidadas,
para colgar orquídeas transparentes
en los troncos sin luz.

DOBLES DOBLAN

Como un guiño a la poeta Julieta Dobles.

Dobles doblan las campanas,
por un pizote muerto
a contrapelo,
por un cóndor cautivo
que replegó las alas,
por una zarigüeya enamorada
de la luna alobada
que palmea reflejos sobre el río.

TÓTEM

Como ojo de reptil
tu pupila de piedra
nunca humana.

Tu dura piel,
como piel de reptil
que se hunde en los troncos
y desnuda la lluvia
hacia el verde final,
definitivo.

Las reinas de la noche
convocan en el suelo,
infinitas, las formas de la vida.
Colibrís como ángeles
borrachos por el néctar
van abriendo caminos.

Abre, febril, su costado
la aurora en Costa Rica,
donde todos los vientos
tienen sabor frutal.

RANAS CROAN CONTENIDAS

Ranas croan contenidas.

Riza el aire
el lejano fragor
de una oscura tormenta
subterránea.

Y los tendones liban
lentamente
los dolores antiguos
que atesoras,
como lunas sonoras
en un cielo
que no te pertenece.

NIÑA CAMILA

Para la Niña Camila, que se fue con un hígado demasiado grande para su cuerpo pequeño.

Camila de los ángeles,
tu sangre roja
tiembla sobre la vida
como las hojas
de la vid más risueña
y más dichosa.

Lanza, niña, zarcillos,
para cuajar las uvas
de tu destino.

Camila de los duendes
y de las penas,
en tus ojos inmensos,
la luna llena.

Camila de los sueños
y de las rosas,
como un pinzón de escarcha
vuelan las horas
a rozarte la frente
ola tras ola.

No te detengas,
que un aliento de fiebre
cubre tus huellas.

Amarra tus cadenas,
niña del cielo,
que la tierra te quiere
a ras del suelo.

NEGRO GORRIÓN

SANTO DOMINGO DE SILOS

Para el padre Bernardo,
el día de la Virgen de Marzo.

Tus alas frágiles
se curvan bajo el peso
de la lluvia
después de tanto invierno.

Un Cristo, que es cerezo
de sangre retorcida,
vuela sobre tu altar.

El Misterio te acecha
como un lobo
a través de la niebla.

No morirás, hermano,
tus huesos, lentamente,
serán oboes, flautas
donde cante la herrumbre
del silencio.

Las sirenas de piedra
han cerrado sus párpados
y sueñan.

Navega en paz,
Bernardo Recaredo,
campesino de Dios,
negro gorrión de Silos.

NOCTURNO DE MADRID

Para el "Grupo Aranjuez"
tras una copa de champán.

Primer movimiento

Viejo Madrid,
de rejas como lanzas
y angostas callejuelas
amarillas.

Bajo brisa mora,
con mantón de seda,
a Francisco el santo
rezan Las Vistillas.

Dos

Se espesa el silencio
cargado de sueño
en la media vuelta
que, a un toro de sombra,
le marca un farol.

Un diablo cojuelo
salta en cada esquina:
se cubre los cuernos
con el capuchón.

Tres

La noche peina gasas
y en el cielo
incierta luna errante,
como un débil quinqué
velado y vacilante,
se embosca
entre encorvados
tejadillos.

Un soplo del ayer
impregna el aire,
trae un revuelo
de amorosos lances,
de pasos embozados
y de rezos,
grabados en la punta
del cuchillo.

COMO UN AGUACERO

ALCALÁ DE GUADAIRA (SEVILLA)

Cayendo la tarde,
ladraron alegres
en los campanarios
los perros de bronce.

Como un aguacero,
descendieron abriendo las alas
limones redondos
de los limoneros.

Y un viento caliente,
preñado de lunas
que luego vendrían,
llegó alborotando
un rumor de palomas azules
contra cielos blancos.

MANSO MAR MALAGUEÑO

Manso mar malagueño,
escarchado de azúcar,
los soles de noviembre
desmembraron tu luz.

Apostado en el aire,
Pablo Picasso inventa
geometrías de espuma,
que se deshacen leves
suplicando una orilla.

Perros pequeños sueñan
praderas imposibles
sobre tu arena tibia
sonámbula de sol.

Tú, mar, respiras lento,
con resuello de ola,
como una letanía,
tan solo susurrada.

En tu frente de algas,
las gaviotas cabalgan
bicicletas celestes,
los barcos de las nubes,
con nombres de muchacha,
viran hacia los muelles
deslumbrados del sur.

Las palmeras son peces
con su cola de hojas
que las grúas levantan
en ignorados puertos.

En la ciudad sin tierra,
los jazmines de otoño
invaden cada esquina:
su perfume naufraga
al chocar con la daga
que camufla en la brisa
tu corazón de sal.

EN TOLEDO, PALOMAS

Las palomas eligen
un lugar para el sueño:
el alféizar, la gárgola,
el sayal penitente
o sandalia de santo.

Las callejas se hunden
en la ardiente negrura
que rompen los faroles
con alfanje amarillo.

Los hilos y los oros
repiten viejos signos:
la piel de la serpiente,
el lenguaje olvidado.

Silencio reverente.

En cada esquina hay puertas
hoy cerradas
que debieran abrirse.

La piedra muerta
sueña eternidades
y muestra cicatrices:
huevos de mosca antigua,
saliva de los siglos,
en migas de granito
tristes huecos de pan.

GIRA, MUCHACHO, GIRA

BUCAREST

A veces, una ciudad
te levanta la tapa de los sesos.

Gira, muchacho, gira,
golpéate en el muslo,
cuenta al mundo
cómo a ti te dijeron
que en tus venas repica,
como antigua campana,
una estirpe de dioses.

Esa frágil doncella
que cubres con tus alas
mientras baila
—virgen tal vez—
sonríe con la frente
y exuda por la boca
sumisiones de siglos.

En Bucarest, la luna
apacienta tejados
que ondulan en la sombra
sus gráciles aletas
de pizarra,
brillantes, como peces.

Las velas de los vivos,
hundiéndose en el fango de las lágrimas.
Las de los muertos sangran
llama adentro.

Los grandes empalados
aúllan en la noche
constelada de osos.

No me beses la mano,
campesina,
cuchillos invisibles
se adivinan
en tus ojos acuosos.

Gira, muchacho, gira,
golpéate en el muslo,
cuenta al mundo
cómo a ti te dijeron
que en tus venas repica,
como antigua campana,
una estirpe de dioses.

SAN FRANCISCO DE PIEDRA

DURHAM. NORTH CAROLINA

Cruzan por Durham trenes invisibles
acarreando balas de algodón.
Atraviesan mañanas, delgadas lunas curvas,
abiertas madrugadas sin destino.

Traen cuerpos de hombres negros
y gritos que han caído
al cruzar sus vagones
los bosques milenarios.

(Las ardillas rebeldes,
sentadas tras los troncos,
mascan hebras de luz).

Hermano del Mercedes reluciente
y extática sonrisa,
hay un lémur que corre por tus ojos
y te anilla los dientes.

Los magnolios, los inmensos magnolios,
beben, de un trago, todo el sol de otoño
por sus hojas, flexibles como peces.

(Las arañas trabajan a destajo:
Es Halloween).

San Francisco de piedra,
que cuidas los jardines de los ricos,
recuerda, entre las flores,
a los muertos.
¡Recoge sus cabezas,
recoge sus cabezas!

El aire tiene palidez de pluma.
Y en los porches sestean
gruesas noches del Sur.

CANCIÓN TRISTE PARA MANHATTAN

NUEVA YORK

El crepúsculo cae feroz sobre Manhattan.
Hay una carnicería entre las nubes.

El crepúsculo cae feroz sobre las cúpulas
—blancas kipás de piedra—,
sobre las bibliotecas,
donde antiguos prebostes
—sin duda eran muy ricos—
dedicaron
fuentecillas de agua
—eterna— a sus esposas,
sus amadas esposas,
que fueron como perlas
para calmar su sed.

Y hay columnas de luz
encerrando Manhattan,
y hay barrotes de luz
limitando Manhattan,
rejerías de luz
protegiendo Manhattan.

Nubes cruzan el cielo
alargando sus huesos,
como cráneos de vaca
con ojos de extravío.

Los muertos han tomado
por asalto los depósitos de agua
y aprestan sus fusiles al ataque
—1812 está tan cerca,
y una placa de bronce
no es bastante—.

Los pájaros invaden
en mística asamblea
escaleras de incendio.

El gran Empire State
se rasca los bolsillos,
¡tan llenos de ventanas!
Y reparte:
un dólar para un pobre,
un dólar para un negro,
un dólar para el hombre
que coloca bufandas de mostaza
al perrito caliente.
Un dólar para el frío de la noche.
(Dime: ¿dónde murió
Julia de Burgos?).
Para el frío canalla,
que pide en esa esquina
aferrado a un violín.

ÍNDICE

I. SIN MIRAR ATRÁS

II. FUEGO SIN LLAMA

III. LEÍDO EN EL AIRE

Esta obra
se acabó de imprimir
con los auspicios de
Charo Fierro y
Antonio J. Huerga, editores

FINIS CORONAT OPUS